Literatur-COMIC DaF
A2/B1

Gotthold Ephraim Lessing

Nathan der Weise

Alles Digitale zu diesem Buch kann auf der Lernplattform **allango** von Ernst Klett Sprachen abgerufen werden. So geht's:

QR-Code scannen oder **www.allango.net** aufrufen | Buchtitel oder ISBN in der Suche eingeben und auf das Buchcover klicken | Zum Inhalt navigieren, direkt abrufen oder speichern

Zu diesem Buch auf allango verfügbar: **Comic-Video zum Mitlesen und Anhören, Audios zu den Übungen.**

Ernst Klett Sprachen
Stuttgart

1. Auflage 1 6 5 4 3 2 | 2028 27 26 25 24

www.klett-sprachen.de

Comic-Strips: Pixelcloud GmbH & Co. KG, Ludwigsburg
Konzeption: Lena Fritschle
Illustration: Marcel Durer
Projektleitung: Jonas Kirchner

Autorin, Textbearbeitung und Didaktisierung: Carina Janas, Wortwelt wunderbunt

Redaktion: Claudia Weichselfelder
Reihenkonzept: Sebastian Weber
Layoutkonzeption: Sabine Kaufmann
Umschlaggestaltung: Sabine Kaufmann
Tonregie und Schnitt: Gunther Pagel, Top 10 Tonstudio, Viernheim
Sprecher und Sprecherin: Christian Birko-Flemming, Markus Schultz, Stefanie Plisch de Vega
Videoproduktion: Jochen Riehm – ATELIER RIEHM – Sindelfingen
Satz: DOPPELPUNKT, Stuttgart
Bild S. 42: akg-images, Berlin
Druck und Bindung: Elanders GmbH, Waiblingen

Printed in Germany
ISBN 978-3-12-674254-2

Inhalt

Einleitung

Das Drama *Nathan der Weise* von Gotthold Ephraim Lessing ist ein sehr bekanntes Stück der deutschen Literatur. Das Drama wurde 1779 veröffentlicht* und ist Lessings letztes Buch. Eine Geschichte nennt man Drama, wenn der Text so geschrieben ist, dass man ihn im Theater spielen kann.

Das Drama spielt in Jerusalem zur Zeit des Dritten Kreuzzuges* (1189–1192). Die Stadt hat eine besondere Geschichte: Dort leben schon lange Personen jüdischen, muslimischen und christlichen Glaubens. Es geht um die Familie von Nathan – einem beliebten, jüdischen Kaufmann – und die Familie von Sultan Saladin – dem muslimischen Herrscher* Jerusalems. Dann gibt es noch den jungen Christen Curd, der sich in Nathans Tochter verliebt. Und Saladins Bruder Assad, von dem niemand weiß, wo er ist und ob er noch lebt. Wie das alles zusammenpasst, und was das mit den Religionen* Judentum, Christentum und Islam zu tun hat, liest du am besten selbst …

Nathan der Weise ist eine sehr bekannte Geschichte aus der Zeit der „Aufklärung" (1720 bis 1800) in der Literatur. In den Texten aus dieser Zeit geht es um das freie Denken der Menschen. Vor allem Leute aus dem Bürgertum* wollten, dass man weniger auf das hört, was der Staat, die Herrscher und Religionen sagen. Man sollte selbst denken und das machen, was man richtig findet. Dazu passt auch der Titel des Dramas. Nathan lebt so, wie es die Autoren und Autorinnen der Aufklärung beschreiben: Ihm sind die Menschen selbst und was sie machen und sagen wichtiger als die Religion, an die sie glauben. Er gibt anderen Menschen gute Tipps und kann ihnen mit seinem „freien Denken" helfen. Deshalb wird Nathan auch „der Weise" (= der kluge Mann) genannt.

●●●

veröffentlichen: hier: ab wann die Leute das Buch kaufen und lesen konnten
der Kreuzzug: So nennt man Kriege zwischen 1095 und 1291, die es vor allem im Vorderen Orient (Region in West-Asien und Nord-Afrika) gab. Ziele dieser Kriege waren Geld, und dass das Christentum die wichtigste und größte Religion wird.
der Herrscher / die Herrscherin: Chef oder Chefin / höchste Person in einer Stadt oder einem Land
die Religion: hier: Judentum, Christentum und Islam sind die drei größten Religionen, bei denen es *einen* Gott gibt. Mitglieder dieser Religionen nennen sich: Jude / Jüdin und Christ / Christin und Muslim / Muslima. Die Adjektive sind: jüdisch, christlich, muslimisch.
das Bürgertum: eine Gruppe von Menschen; Bürger / Bürgerinnen lebten in der Stadt und waren in der „Mitte" der Gesellschaft. Mehr Macht hatte der Adel (Herrscher / Herrscherinnen und reiche Menschen), weniger Rechte hatten Bauern / Bäuerinnen und Arbeiter / Arbeiterinnen.

Literatur-COMIC

Dieser Comic erzählt die Geschichte *Nathan der Weise* kurz und witzig. Das heißt: Nicht alle Szenen aus dem Original, aber die wichtigsten Szenen sind dabei. Das Drama wird durch Bilder und mit Hilfe von kurzen Texten, zum Beispiel in Sprechblasen, erzählt. Wie für einen Comic typisch, gibt es außerdem ein paar lustige Details, die so im Original von Lessing nicht stehen. Die Bilder helfen beim Verstehen des Textes. Schwierige Wörter werden am Seitenende erklärt.

Der Comic hat mehrere Teile. Nach jedem Teil kannst du selbst wählen, wie die Geschichte weitergeht: So wie es Lessing in seiner Geschichte erzählt? Oder lieber anders?

Es gibt auch ein **Comic-Video**: Da kannst du die Geschichte sehen, lesen und hören.

Über Gotthold Ephraim Lessing

Auch Infos zu Lessings Leben und seiner Arbeit findest du im Buch.

Worum geht's?

Weiter hinten im Buch kannst du die Geschichte noch einmal in anderen Worten lesen, als **Zusammenfassung*** ohne Comic-Bilder. Außerdem gibt es dort **Übungen zum Lesen und Hören**. Hast du alles gut verstanden? Das kannst du da testen und deine Antworten selbst prüfen. Die **Lösungen** stehen am Ende des Buches.

die Zusammenfassung: die wichtigsten Informationen einer Geschichte als Text

Nathan der Weise
frei nach Gotthold Ephraim Lessing

Nathan
Nathan ist ein reicher Kaufmann aus Jerusalem. Er ist gut zu den Menschen und beliebt. Nathan ist Jude. Er liebt seine Tochter Recha sehr. Nur wenige wissen, dass Nathan gar nicht Rechas biologischer* Vater ist.

Recha
Recha ist eine hübsche, junge Frau und Nathans Tochter. Sie liebt ihren Vater sehr und weiß nicht, dass Nathan sie als Baby adoptiert* hat. Rechas biologische Eltern waren Christen, doch sie lebt wie ihr Vater als Jüdin.

Daja
Daja kümmert sich um Recha und ist ihre Freundin. Auch sie lebt im Haus von Nathan und Recha. Daja kommt aus Europa und ist Christin. Sie weiß, dass Recha adoptiert ist, und findet, dass Nathan es Recha endlich erzählen sollte.

Sultan Saladin & Sittah
Sultan Saladin ist der muslimische Herrscher in Jerusalem und lebt mit seiner Schwester Sittah in einem sehr schönen Palast. Er gibt gern Geld aus und hat selbst nur noch wenig Geld. Sittah hilft ihm oft mit ihrem Geld. Jetzt hat sie einen Plan, wie sie wieder mehr Geld bekommen können.

biologisch: hier: Biologische Eltern sind die Personen, die das Kind gezeugt (= gemacht) haben. Mutter und Vater hatten Sex, die biologische Mutter hat das Kind geboren.
adoptieren: Wenn die biologischen Eltern eines Kindes sterben oder sich nicht um ihr Kind kümmern können, kommt das Kind zu neuen Eltern. Diese anderen Eltern nehmen das Kind in ihre Familie auf.

der Patriarch / die Patriarchin: hier: Chef / höchste Person der christlichen Kirche in einer Region
der Bischof / die Bischöfin: hohe Position in der christlichen Kirche
der Tempelherr: auch: Templer oder Tempelritter; gehört zum Templerorden (= eine Gruppe von Rittern, die militärische Aufgaben hatte)
gefangen nehmen: eine Person wird an einen Ort (z. B. ins Gefängnis) gebracht, von dem sie nicht mehr wegkann

der Prolog: steht vor der eigentlichen Geschichte, gehört nicht direkt zur Geschichte dazu

töten: machen, dass jemand stirbt
der Ritter: im Mittelalter: Mann, der auf einem Pferd reitet und kämpft
kämpfen: sehr stark streiten und dabei den Körper und Waffen (z. B. Schwert, Gewehr) benutzen; Substantiv: der Kampf

der Tod: Substantiv zu „tot sein"; wenn jemand stirbt / tot ist

Zusammenfassung und Übungen ab Seite 44

Was soll der Tempelherr tun?
Soll er in das brennende Haus gehen und dabei vielleicht gar nicht sterben?
Oder tötet er sich selbst und ist dann auch sicher, dass es klappt?

Sicher ist sicher: sich selbst töten! Lies weiter auf Seite 14.

Helfen: in das brennende Haus gehen! Lies weiter auf Seite 15.

brennend: wenn etwas brennt, wenn es ein Feuer gibt; siehe Bild 1
retten: jemandem in einer schwierigen Situation helfen; jemanden von einer Gefahr wegbringen

bevor: vorher; Etwas passiert noch vor einer anderen Sache.

Ich werde den Frauen helfen!
Schnell läuft Curd in das brennende Haus.
HILFE!
Und schon kommt Curd mit Recha wieder raus.
Alles ist gut! Sie lebt!
Der Tempelherr konnte Recha retten. Dabei starb er aber nicht.

der Frieden: Es gibt keinen Krieg. Alle leben ohne Streit und gut mit anderen zusammen.
der Krieg: Streit um ein Land oder eine Stadt mit Waffen und Gewalt
das Kamel: Reittier mit zwei „Bergen" auf dem Rücken; lebt in der Wüste

Zusammenfassung und Übungen ab Seite 46

Was soll der Sultan tun?
Soll er machen, was seine Schwester sagt, und Nathan nach Geld fragen?
Oder soll er selbst eine Lösung für das Geldproblem suchen?

Selbst eine Lösung suchen!
Lies weiter auf Seite 18.

Sittahs Plan!
Lies weiter auf Seite 19.

das Glücksspiel: Spiel, bei dem das Glück und nicht das Können der Spieler / Spielerinnen wichtig ist; Spiel um Geld (z. B. Kartenspiele, Roulette)
das Casino: Haus, in dem man um Geld spielen kann
fabelhaft: wunderbar, toll

der Engel: Engel leben nah bei Gott, können mit den Menschen „sprechen" und den Menschen Nachrichten von Gott bringen.

Hä? Ich verstehe gar nichts. Erzähl doch bitte in Ruhe, was passiert ist.
Es hat gebrannt. Es war schlimm. Ich dachte, dass ich sterben muss. Aber dann kam ein junger Tempelherr. Mein Engel! Er hat mich aus dem Haus getragen.
Wo ist denn dieser Tempelherr jetzt? Ich muss mich bei ihm bedanken! Er hat meine geliebte Tochter gerettet!
Er steht dahinten. Aber er will gar keinen Dank.
Du hast meine Tochter gerettet, richtig? Ich danke dir!
Ja. Schon okay.
Eigentlich wollte ich in dem Haus einfach nur sterben, aber das hat nicht geklappt. Sultan Saladin hat mich heute Morgen freigelassen.
Was soll ich denn in Jerusalem machen?

Nur wegen dir lebt meine Tochter noch! Und eigentlich auch wegen dem Sultan!
Als Christ muss ich anderen Menschen helfen, ob ich will oder nicht, und egal, welche Religion sie haben.
Ich bin ein reicher Mann! Was kann ich dir als Dank geben?
Wie gesagt, ich habe das eigentlich nur für mich getan.
Du sagst, was du denkst. Das gefällt mir!
Beide finden die Menschen selbst wichtiger als eine Religion …
… und glauben, dass man wegen Religion nicht streiten muss.
Wollen wir Freunde sein?

Na gut. Ich bin Curd von Stauffen.
Von Stauffen? Wirklich? Den Namen kenne ich ...
POST!
Nathan liest den Brief.
Oh, ich soll zum Sultan in den Palast kommen.
Er will mit mir sprechen.
Curd, du kannst so lange hier, bei Recha und Daja, bleiben. Ich komme sicher bald zurück.
Okay!
Gerade ist Nathan weggegangen. Da kommt schon der Patriarch von Jerusalem zu Curd.
Hallo.
Oh. Hallo.
Ich bin der Patriarch dieser Stadt. Ich habe gesehen, dass du dich selbst töten wolltest. Das dürfen Christen nicht!

Gott: ist an höchster Position im Judentum, Christentum und Islam und hat die Welt (Pflanzen, Tiere, Menschen ...) gemacht; in diesen drei Religionen gibt es *einen* Gott; hier: christlicher Gott
vergeben: wenn man den Fehler von anderen verstehen kann und nicht mehr böse auf die Person ist; im Christentum: Gott vergibt Fehler. Die Beziehung zwischen Gott und dem Menschen ist dann wieder in Ordnung.
sich verlieben: eine andere Person sehr toll finden und mit ihr zusammen sein wollen; der Anfang von Liebe

erziehen: einem Kind zeigen, wie alles funktioniert; sagen, was man darf und was man nicht darf; beim Großwerden „helfen"; Eltern erziehen ihre Kinder.

Zusammenfassung und Übungen ab Seite 47

Was soll Nathan tun?
Nennt er seine Religion, das Judentum, als einzig wahre Religion? Und sagt damit, dass die Religion des Sultans, der Islam, nicht richtig ist? Oder hat Nathan eine andere Idee und muss keine der Religionen wählen?

Eigene Religion!
Lies weiter auf Seite 26.

Andere Idee!
Lies weiter auf Seite 27.

●●●

das Gefängnis: Wenn man etwas Schlimmes gemacht hat und eine Strafe bekommt, muss man ins Gefängnis. Von dort kann man nicht raus.
beleidigen: böse Sachen zu jemandem sagen; schlecht über jemanden / etwas sprechen

die Ringparabel: Diese Geschichte ist ein sehr bekanntes Beispiel für einen Text aus der Zeit „Aufklärung"; siehe auch Seite 51
erben: Wenn eine Person stirbt, bekommen die Verwandten Dinge (z. B. Geld, Haus), die früher der Person gehörten.
die Kraft: das Besondere, das Können, die Stärke; hier: das, was der Ring kann

die Generation: Mutter und Vater sind die erste Generation, die Kinder sind die zweite Generation, Enkelkinder sind die dritte Generation …

der Richter / die Richterin: Jemand mit diesem Beruf sagt bei einem Streit, wer recht hat und welche Strafe eine Person, die etwas falsch gemacht hat, bekommen soll.

die Strafe: Wenn man etwas falsch gemacht hat, bekommt man eine Strafe. Man muss dann z. B. Geld bezahlen, man kommt ins Gefängnis oder wird getötet.
danach: nach einer Sache / Situation

Heute ist so ein wunderbarer Tag! Jetzt gibt es keine Probleme mehr.
Das müssen wir feiern! Der Tempelherr und deine Tochter sollen natürlich auch kommen!
Zur gleichen Zeit in Nathans Haus.
POST!
Ein Jude ... hat eine Christin adoptiert. Das geht doch nicht!
Oh, wir sind zu einem Fest im Palast des Sultans eingeladen. Papa ist schon da.
Ich gehe hin. Daja und Curd, kommt ihr auch mit?
Äh, ich habe jetzt leider keine Zeit. Vielleicht komme ich später!

das Kloster: Dort leben und arbeiten Menschen als Gruppe zusammen. Sie wollen ihren Glauben an Gott zusammen leben und sich darauf konzentrieren.
der Rat: Substantiv zu „etwas raten"; ein Tipp, Hilfe bei einer Sache

Das ist mir doch egal! Wo hast du denn diese Geschichte gehört? Wer ist dieser Mann? Ich schicke meine Männer. Wir müssen das Mädchen retten. Sie gehört zu UNSERER Religion!
Der Mann muss sterben!
Äh ...?
Also, wie heißt dieser Mann?
Dieser Jude hat eine Christin adoptiert und sie als Jüdin erzogen. Dafür bekommt er eine Strafe!

verraten: etwas sagen, was man eigentlich nicht sagen sollte; hier: den Namen der Person sagen, die etwas gemacht hat

Zur gleichen Zeit im Palast.
Wow, der Palast ist so schön!
Willkommen!
Komm Recha, wir Frauen können mal in Ruhe reden.
Ich will dich besser kennenlernen.
Nathan, ich muss mit dir reden. Ich glaube, der Tempelherr und Recha sind verliebt!
Oh!
Daja macht einen Vorschlag.
Es wäre so schön, wenn Recha und Curd heiraten könnten. Er ist Christ wie sie. Das passt doch super! Sag doch endlich, dass ...
Doch Nathan will schnell über ein anderes Thema sprechen.
Äh, Daja ... Kennst du eigentlich schon den Sultan?

Auch Curd kommt jetzt zum Palast.
Nathan!
Ah, da ist ja der Mann, der die Tochter meines lieben Freundes gerettet hat. Schön, dass wir uns wieder sehen!
Tochter!? Genau darüber will ich mit dir reden, Sultan.
Und mit dir, Nathan!
Recha ist gar nicht Nathans biologische Tochter! Er hat sie vor vielen Jahren adoptiert.
Und: Eigentlich ist sie Christin!
WAS??? Woher weiß er das???

Stimmt das, Nathan?
Na, endlich!
Ist das wahr?
Wieso hat das niemand gemerkt?
Vor vielen Jahren haben Christen meine Frau und meine sieben Söhne getötet. Das war so schrecklich, dass ich selbst auch nicht mehr leben wollte. Da fragte ein Freund, ob ein kleines Mädchen bei mir leben kann. Es war noch ein Baby. Ich nahm die Kleine zu mir und liebte sie wie eine eigene Tochter. Recha, du bist meine Familie! Du bist das Wichtigste für mich!
Recha vergibt Nathan, dass er ihr nicht schon früher die wahre Geschichte erzählt hat.
Oh, Papa! Du bist doch auch das Wichtigste für mich!
Wie dumm ich war! Meine Meinung über dich, Nathan, war falsch. DU bist Rechas Vater, ganz egal was der Patriarch sagt!

Zusammenfassung und Übungen ab Seite 51

Was soll Nathan tun?
Erlaubt er die Hochzeit und macht damit Curd, Recha und auch Daja sehr glücklich? Oder gibt es einen Grund, warum Recha und Curd nicht heiraten sollten?

Hochzeit!
Lies weiter auf Seite 39.

Keine Hochzeit!
Lies weiter auf Seite 40.

etwas erfahren: etwas, das man früher noch nicht wusste, wissen; eine neue Information gesagt bekommen
krank: hier: Wenn (nahe) Verwandte zusammen Kinder bekommen, gibt es oft Krankheiten bei den Kindern und in den nächsten Generationen. Die Gene der Eltern sind dann sehr ähnlich (= fast gleich) und deshalb auch die Krankheiten, die die Eltern den Kindern vererben (= geben).

Nein. Ihr dürft NICHT heiraten!
WAS???
Ich erkläre es euch: Saladin, du weißt es sicher noch ... Dein Bruder Assad fand die christlichen Frauen schon immer sehr toll. Er verliebte sich in eine junge Christin mit dem Namen „von Stauffen". Für sie änderte er sogar seine Religion und wurde selbst Christ. Die beiden bekamen zwei Kinder: Curd und Recha. Als die Eltern der beiden starben, kam Curd zu seinem Onkel, einem Bruder seiner Mutter. Und Recha kam zu mir.

Zusammenfassung und Übungen ab Seite 57

verwandt: wenn man zur Familie / zu den Verwandten gehört (z.B. Tante, Onkel, Cousin / Cousine; auch: Eltern, Geschwister ...)
der Vater: hier: In der Religion wird Gott auch „Vater" genannt. Judentum, Christentum und Islam sehen Gott als „Vater" aller Menschen.

Über Gotthold Ephraim Lessing

Gotthold Ephraim Lessing war ein deutscher Autor. Er lebte von 1729 bis 1781. Am bekanntesten sind seine Dramen (Stücke für das Theater) und Gedichte*. Er ist ein wichtiger deutscher Autor der „Aufklärung", einer Zeit in der Literatur von 1720 bis 1800. Lessing schrieb viele kritische* Texte über Religion. Er fand, dass man gegenüber anderen Meinungen und Religionen tolerant* sein sollte.

Lessing wurde 1729 in Kamenz (Sachsen) geboren. Sein Vater war Pfarrer* und der Glaube an den christlichen Gott war in der Familie sehr wichtig. Auch Lessings Mutter kam aus einer Pfarrersfamilie. Weil Lessing sehr klug und fleißig war, durfte er mit elf Jahren auf eine teure Fürstenschule (St. Afra in Meißen) gehen und hatte dort die Fächer Religion und Latein, aber auch Französisch, Mathematik, Geschichte und Erdkunde. Nach der Schule begann Lessing ein Theologiestudium* in Leipzig. Aber er interessierte sich mehr für das Theater als für sein Studium.

In Leipzig lernte Lessing die Theaterdirektorin Friederike Caroline Neuber kennen. Sie machte in ihrem Theater vieles anders, als man es kannte: Die Stücke waren nicht auf Französisch, aber auf Deutsch. Außerdem ging es um Themen aus dem Bürgertum. Das war neu und modern. Lessing arbeitete für sie und übersetzte französische Theaterstücke ins Deutsche. 1748 wurde Lessings erstes eigenes Theaterstück in Neubers Theater gezeigt. Im gleichen Jahr brach* Lessing sein Studium ab. Er zog nach Berlin und arbeitete als Journalist, Autor und Kritiker für mehrere Zeitungen. Er übersetzte auch Stücke und Texte von Voltaire, der ein sehr wichtiger französischer Autor der Aufklärung war. Lessing lernte in Berlin deutsche Aufklärer* kennen, zum Beispiel Moses Mendelsson und Christoph Friedrich Nicolai. Sie wurden gute Freunde.

das Gedicht: Text in einer besonderen Form; Oft reimen sich die Enden einer Zeile (z. B. Geld – Welt, Buch – Tuch).
kritisch: Eine Person (= der Kritiker / die Kritikerin) sagt / schreibt, was sie besonders gut oder nicht gut findet.
tolerant: andere Meinungen respektieren; nicht immer nur die eigene Meinung als einzig richtige sehen; Substantiv: die Toleranz
der Pfarrer / die Pfarrerin: arbeitet für die Kirche; leitet (= macht) den Gottesdienst / die Messe in der christlichen Kirche
das Theologiestudium: Studium der christlichen Religion, um Pfarrer / Pfarrerin zu werden oder Religion zu unterrichten
abbrechen: etwas vor dem Ende beenden / aufhören; hier das Studium ohne Abschluss (Titel, Zeugnis) beenden
der Aufklärer / die Aufklärerin: die Autorinnen und Autoren der Epoche; Personen, die zur literarischen Zeit „Aufklärung" gehören und über Themen dieser Epoche schreiben oder sprechen

1752 ging Lessing nach Wittenberg und beendete sein Studium, nicht in Theologie, aber in Medizin. In den nächsten Jahren war Lessing viel unterwegs. Er lebte in Leipzig, Berlin und Breslau und arbeitete weiter als Autor. Von 1767 bis 1769 arbeitete Lessing als Dramaturg* am damals neuen Nationaltheater Hamburg. 1770 zog er nach Wolfenbüttel und arbeitete als Bibliothekar*. Lessing schrieb weiter Texte und 1772 veröffentlichte er das Drama *Emilia Galotti*. 1776 heiratete Lessing Eva König. Ein Jahr später wurde der Sohn der beiden geboren. Er starb aber schon kurz, nachdem er geboren wurde. Wenig später starb auch Eva Lessing.

1779 wurde Lessings letzter Text fertig und veröffentlicht: *Nathan der Weise*. Lessing hatte immer wieder Probleme mit der Gesundheit und starb 1781 in Braunschweig. Zwei Jahre später wurde sein Stück *Nathan der Weise* in einem Theater in Berlin zum ersten Mal gezeigt.

Was Lessing und andere Aufklärer sagten, gefiel nicht allen. Es wurde damals sogar verboten, die christliche Religion zu kritisieren. Also sagte Lessing nicht direkt, was er dachte. Er ließ seine Figuren „sprechen". Lessing, der schon länger die Idee für die Geschichte *Nathan der Weise* hatte, arbeitete an dem Drama weiter und veröffentlichte es. Durch seine Figuren zeigte er, was ihm wichtig war: selbst denken, tolerant gegenüber anderen Meinungen und Religionen sein, freundlich zu anderen Menschen sein und helfen, wenn Hilfe gebraucht wird. Damit ist der Text noch immer aktuell, auch wenn er schon vor vielen Jahren geschrieben wurde und vor noch längerer Zeit spielt.

der Dramaturg / die Dramaturgin: Beruf am Theater; wählt aus, welche Stücke gezeigt werden
der Bibliothekar / die Bibliothekarin: Beruf in einer Bibliothek; wählt Bücher für die Bibliothek aus, ordnet sie, kauft neue Bücher

Worum geht's?

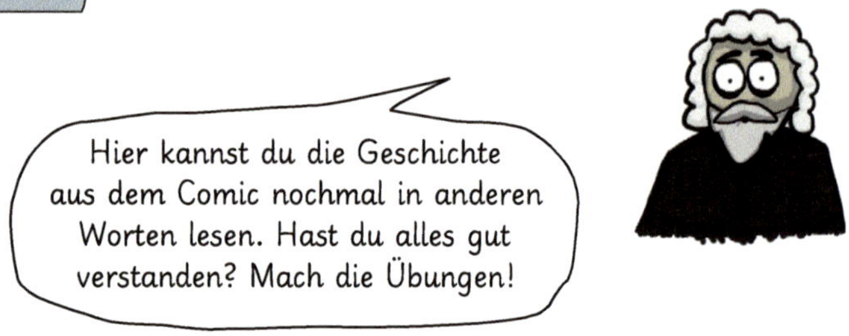

PROLOG: ANFANG. Die Männer des Sultans haben eine Gruppe von Tempelherren gefangen genommen.

Sultan Saladin war Muslim. Die Tempelherren waren Christen und kämpften damals dafür, dass ihre Religion in immer mehr Ländern die wichtigste Religion wurde. Deshalb gab es damals einen Krieg zwischen christlichen und muslimischen Menschen.

Der junge Tempelherr Curd von Stauffen ist bei Saladin. Eigentlich müsste der Sultan Curd töten lassen, weil er gegen die muslimischen Männer gekämpft hat. Aber der Tempelherr sieht ein bisschen so aus wie Saladins Bruder Assad. Und niemand weiß, wo Assad ist, oder was mit ihm passiert ist. Deshalb lässt Saladin Curd frei. PROLOG: ENDE.

Curd ist jetzt in Jerusalem und weiß nicht, wie er wieder zurück nach Europa kommen soll. Er will lieber tot sein und nicht mehr leben. Er glaubt, dass er sich als Christ nicht selbst töten darf.

Dann läuft eine Frau, Daja, aus einem brennenden Haus und ruft nach Hilfe. Eine andere Frau, Recha, ist noch in dem Haus. Für Curd wäre das *die* Lösung für sein Problem: Er will die Frau retten und dabei selbst sterben. So wäre sein Tod erlaubt, meint er.

1. **Was stimmt (✓), was stimmt nicht (✗)? Kreuze an.**

		✓	✗
1	Die Tempelherren sind Muslime.	☐	☐
2	Der Tempelherr Curd ist bei Sultan Saladin im Palast.	☐	☐
3	Saladin lässt Curd nicht frei.	☐	☐
4	Curd sieht aus wie Saladins Bruder Assad.	☐	☐
5	Curd glaubt, dass er sich als Christ nicht selbst töten darf.	☐	☐
6	Recha läuft aus einem brennenden Haus.	☐	☐

2. **Was sagen oder denken die Personen auf den Bildern? Höre die Audios A–D und ordne sie den Bildern 1–4 zu.**

A B C D

☐

☐

☐

☐

3. **Was passiert zuerst? Bringe die Bilder 1–4 aus Übung 2 in die richtige Reihenfolge.**

☐	☐	☐	☐

Zurück zum Comic
auf Seite 13

Curd geht in das brennende Haus und rettet Recha aus dem Feuer*. Sie lebt!

Zur gleichen Zeit unterhalten sich Sultan Saladin und seine Schwester Sittah im Palast. Der Sultan hat nicht mehr viel Geld. Seine Schwester bezahlt schon alle Rechnungen. Doch der Krieg zwischen den christlichen und muslimischen Leuten geht bald weiter. Deshalb braucht Saladin Kamele und mehr Geld. Sittah kann ihm nichts mehr geben, aber sie hat eine Idee: Saladin soll Nathan fragen. Er ist ein reicher Kaufmann und kann vielleicht helfen. Saladin glaubt nicht, dass Nathan ihm helfen wird. Denn der Kauffmann ist Jude und hat mit dem Streit zwischen den Personen christlichen und muslimischen Glaubens nichts zu tun.

4. Wie geht die Geschichte bei Lessing weiter? Kreuze an.

A

☐ Curd geht nicht in das brennende Haus. Er tötet sich selbst.

B

☐ Curd geht in das brennende Haus und rettet Recha.

5. Wie gehen die Sätze weiter? Verbinde.

1 Sultan Saladin	**A** Saladin vielleicht Geld geben.
2 Saladin braucht	**B** Saladin soll den Kaufmann Nathan fragen.
3 Der Krieg zwischen	**C** unterhält sich mit seiner Schwester Sittah.
4 Sittah hat eine Idee:	**D** dass Nathan ihm helfen wird.
5 Nathan kann	**E** Geld für neue Kamele.
6 Saladin glaubt nicht,	**F** und hat mit dem Krieg nichts zu tun.
7 Denn Nathan ist Jude	**G** den muslimischen und christlichen Leuten geht weiter.

das Feuer: wenn es brennt; ist heiß, rot und gelb; siehe Seite 13, Bild 1

6. Was sagen die Personen? Höre die Audios A und B und ergänze die fehlenden Wörter in den Sätzen.

Zurück zum Comic auf Seite 17

Weil Saladin keine andere Lösung findet, will er Nathan in den Palast einladen.

Zur gleichen Zeit kommt Nathan gerade wieder nach Hause. Daja, eine Freundin seiner Tochter Recha, kommt zu ihm und erzählt von dem Feuer. Nathan hat schon Angst, dass seine Tochter Recha in dem brennenden Haus gestorben sein könnte, aber dann kommt auch Recha dazu. Sie erzählt, dass ein junger Mann, ein Tempelherr, sie gerettet hat. Er war wie ein Engel für sie.

Nathan will den Tempelherrn treffen und sich bedanken. Aber der Tempelherr will keinen Dank. Er sagt, dass er eigentlich selbst sterben wollte, und erzählt, dass Sultan Saladin ihn freigelassen hat. Die beiden Männer unterhalten sich: über Religionen und die Menschen. Beide denken, dass es wichtiger ist, *wie* ein Mensch ist, als an welche Religion er glaubt. Die Männer werden Freunde. Der Tempelherr sagt Nathan jetzt seinen Namen: Curd von Stauffen. Nathan kennt den Namen „von Stauffen". Aber sie haben keine Zeit, sich länger zu unterhalten. Da kommt die Einladung des Sultans an.

Nathan geht zum Palast. Curd soll so lange in Nathans Haus, bei Recha und Daja, warten. Da kommt der Patriarch von Jerusalem zu Curd. Der Patriarch weiß, dass Curd sich selbst töten wollte. Er sagt, dass das eine sehr schlimme Sache für Christen ist. Aber so wichtig ist das dem Patriarchen eigentlich gar nicht. Er hat einen bösen Plan: Damit das Christentum die wichtigste Religion in Jerusalem wird, soll Curd zum Palast gehen und den muslimischen Herrscher, Sultan Saladin, töten. Dabei könnte Curd im Kampf für seine Religion sterben. Das ist erlaubt und sogar gut, meint der Patriarch.

Recha ist zu Hause. Sie schaut aus dem Fenster und sieht Curd vor dem Haus. Sie verliebt sich sofort in ihren Retter* und erzählt Daja davon. Recha ruft Curd zu und möchte, dass er zu ihnen ins Haus kommt. Erst will Curd nicht, aber auch er verliebt sich in die hübsche Recha. Doch er ist unsicher wegen seiner Religion: Er ist Christ und Recha ist Jüdin. Können die beiden dann zusammen sein?

Als Recha nicht im Zimmer ist, denkt Curd hin und her: Nathan ist jetzt sein Freund … Was werden die anderen Christen über ihn sagen? … Da erzählt Daja, dass Nathan Recha adoptiert hat und Recha eigentlich Christin ist. Das ist für Curd aber noch viel schlimmer: Ein Jude hat eine Christin erzogen und sie hat jetzt die jüdische Religion. Recha weiß gar nichts von ihrer „wahren" Religion. So etwas geht nicht, meint Curd!

der Retter / die Retterin: jemand, der eine andere Person gerettet hat oder ihr sehr geholfen hat

Zur gleichen Zeit kommt Nathan im Palast des Sultans an. Sittah hat noch eine Idee und sagt Saladin, was er tun soll: Der Sultan soll Nathan fragen, welche Religion die wahre und echte Religion ist. Diese Frage kann Nathan nur falsch beantworten, denken sie. Sagt Nathan, dass es das Judentum ist, kann Saladin ihm eine Strafe geben, weil Nathan dann Saladins Religion beleidigt hätte. Sagt Nathan, dass es der Islam ist, müsste Nathan auch Muslim werden. Saladin fragt also Nathan nach der einzig wahren Religion.

7. Wie geht die Geschichte weiter? Höre die Audios A–F und bringe sie in die richtige Reihenfolge.

A B C D E F

D					

8. In jedem Satz ist ein Fehler. Streiche die falschen Wörter durch und korrigiere.

1 Der ~~Sultan~~ von Jerusalem kommt zu Curd.	Patriarch
2 Der Patriarch will, dass Curd dem Sultan Geld gibt.	
3 Nach dem Gespräch mit dem Patriarchen geht Curd zu Saladins Palast.	
4 Als Recha und Curd sich sehen, streiten sie sich.	
5 Curd ist unsicher: Darf er als Muslim eine Jüdin lieben?	
6 Daja erzählt Curd, dass Sittah adoptiert ist.	
7 Curd findet es super, dass Recha als Jüdin erzogen wurde, aber eigentlich Christin ist.	
8 Saladin fragt Nathan nach dem besten Rezept für Tee.	

9. Wer ist wer? Und was passt zu wem? Ordne zuerst die Namen und dann die Informationen zu.

→ Tipp: Manche Antworten passen zu mehreren Personen.

Recha · Der Patriarch · Curd · Sittah

Assad · ~~Nathan~~ · Daja · Sultan Saladin

A ist Christ / Christin • **B** ist Muslim / Muslima • **C** ist Jude / Jüdin • **D** ist weg und niemand weiß, wo er ist • **E** braucht Geld • **F** rettet Recha • **G** ist verliebt • **H** ist Kaufmann • **I** ist Chef der Muslime in Jerusalem • **J** ist Chef der Christen in Jerusalem • **K** will sterben • **L** hat einen Plan • **M** will den Sultan töten • **N** weiß, dass Recha adoptiert ist

1 Nathan

C

2

3

4

5

6

7

8

Zurück zum Comic auf Seite 25

Nathan hat eine Idee, wie er *keine* der Religionen wählen muss. Er erzählt die „Ringparabel".

Eine Parabel ist eine besondere Form einer kurzen Erzählung in der Literatur. Meistens geht es um die Frage, was richtig oder falsch ist. Dabei gibt es aber nicht nur eine Lösung. Man kann verschiedene Antworten auf die Frage finden. Eine Parabel erklärt ein schwieriges Thema durch eine Geschichte mit einfachen Bildern. Die Bilder bedeuten etwas anderes. In der Ringparabel werden die Bilder „ein Vater" (für den liebenden Gott), „die drei Ringe" (für die drei Religionen: Judentum, Christentum, Islam) und „die drei Söhne" (für die Gläubigen*, also die Personen, die eine bestimmte Religion haben) benutzt.

Ein Mann erbte von seinem Vater einen Ring. Dieser Ring hatte eine besondere Kraft. Der Ring machte den Besitzer oder die Besitzerin bei Gott und den Menschen beliebt, wenn man an die Kraft des Rings glaubte. Als der Mann alt wurde, gab er den Ring seinem Lieblingssohn. Und so ging es für viele Generationen weiter. Immer gab der Vater den Ring seinem liebsten Sohn. Aber dann gab es einen Vater, der hatte drei Söhne. Und er liebte alle drei Söhne genau gleich. Der Mann hatte eine Idee: Er ließ zwei weitere Ringe machen, die genauso aussahen wie der erste Ring. Jetzt konnte der Vater jedem seiner Söhne einen Ring geben. Niemand wusste, welcher der „echte" Ring ist. Aber dann stritten die drei Brüder. Jeder sagte, dass sein Ring der wahre und echte Ring mit den besonderen Kräften ist. Die drei Brüder gingen zu einem Richter. Doch auch der Richter wusste nicht, welcher Ring der echte ist. Aber der Richter war ein kluger Mann. Er erinnerte die Brüder daran, dass der Ring nur dann funktioniert, wenn man an seine besondere Kraft glaubt. Wenn also alle drei Brüder an die Kraft des Rings glauben, dann funktioniert jeder der drei Ringe – egal welcher der „echte" ist. Und dann muss es auch keinen Streit geben.*

•••
der / die Gläubige: Person, die an Gott glaubt und eine bestimmte Religion hat
der Besitzer / die Besitzerin: Person, der eine Sache gehört

Saladin und Sittah dachten eigentlich, dass Nathan das Judentum als einzig wahre Religion wählt. Damit hätte Nathan gesagt, dass der Islam nicht die eine wahre Religion ist. Das ist in Saladins Palast nicht erlaubt. Als Strafe hätte Nathan Saladin Geld geben müssen. Aber Nathan reagiert anders als gedacht und sagt mit seiner Geschichte: Jede Religion kann wahr sein, wenn man daran glaubt.

Saladin findet Nathans Antwort sehr gut und will Nathans Freund sein. Er erklärt, dass er eigentlich Geld von Nathan wollte und es ihm jetzt leidtut, dass er die blöde Frage gestellt hat. Für Nathan ist das kein Problem. Er sagt, dass *er* Saladin danken muss, weil Saladin den Tempelherrn freigelassen hat. Nur so konnte dieser Recha retten. Dafür gibt Nathan Saladin Geld. Saladin freut sich und will alle in den Palast einladen.

Zur gleichen Zeit sind Curd, Recha und Daja bei Nathan zu Hause. Curd findet immer noch nicht gut, dass Nathan die Christin Recha als Jüdin erzogen hat. Dann kommt eine Nachricht des Sultans an: Sie alle sind zu einem Fest im Palast eingeladen. Recha möchte, dass Curd auch mitkommt. Er sagt aber, dass er jetzt keine Zeit hat.

Curd geht zum Kloster des Patriarchen. Er will den Chef der christlichen Kirche in Jerusalem um Rat fragen. Curd erzählt die Geschichte von Recha und Nathan, aber ohne die Namen zu sagen. Der Patriarch findet es sehr schlimm, dass ein Jude eine Christin adoptiert und zur Jüdin erzogen hat. Er sagt sogar, dass man den Mann töten sollte. Der Patriarch fragt, wer dieser Mann ist.

Curd will Nathan nicht verraten. Deshalb sagt er dem Patriarchen nicht, wer der Mann, der das christliche Mädchen adoptiert und als Jüdin erzogen hat, ist. Der Patriarch will deshalb zu Saladin gehen. Als Sultan von Jerusalem muss es auch Saladin wichtig sein, welche Menschen in der Stadt leben, meint der Patriarch. Es würde sicher helfen, die Person zu finden, die so einen großen Fehler gemacht hat. Curd will nicht, dass Nathan gefunden und getötet wird. Also macht er einen Vorschlag: Er wird selbst zum Palast gehen und dem Patriarchen später erzählen, was er dort hört. Curd will selbst mit Nathan sprechen. Der Patriarch ist einverstanden.

Im Palast des Sultans kommen auch Recha und Daja an. Recha unterhält sich mit Sittah. Daja erzählt Nathan, dass Recha und Curd sich lieben. Sie macht den Vorschlag, dass die beiden heiraten sollten. Doch Nathan will lieber nicht darüber sprechen.

Dann kommt auch Curd in den Palast. Er will mit Nathan reden und erzählt allen, dass Recha gar nicht Nathans biologische Tochter ist. Alle sind geschockt*. Doch Nathan erklärt die Situation: Vor vielen Jahren wurden seine Frau und seine sieben Söhne von Christen getötet. Das war so schlimm, dass Nathan nicht mehr leben wollte. Aber dann fragte ein Freund, ob ein kleines Mädchen ohne Eltern bei ihm leben kann: Recha. Sie war damals noch ein Baby. Nathan nahm Recha zu sich und liebte sie wie eine eigene Tochter.

Recha ist nicht böse auf ihren Vater. Sie liebt ihn auch sehr und vergibt ihm. Auch Curd merkt, dass seine Meinung darüber falsch war. Die Liebe zwischen Nathan und Recha ist viel wichtiger als ihre Religion. Curd ist glücklich, dass diese Sache jetzt klar ist und er fragt Recha, ob sie ihn heiraten will. Doch das macht die Situation für Nathan sogar noch schlimmer.

10. Nathan erzählt die Ringparabel. Was bedeuten die Bilder in der Geschichte? Ordne zu.

A die drei Religionen **B** die Gläubigen **C** Gott

ein Vater = ☐

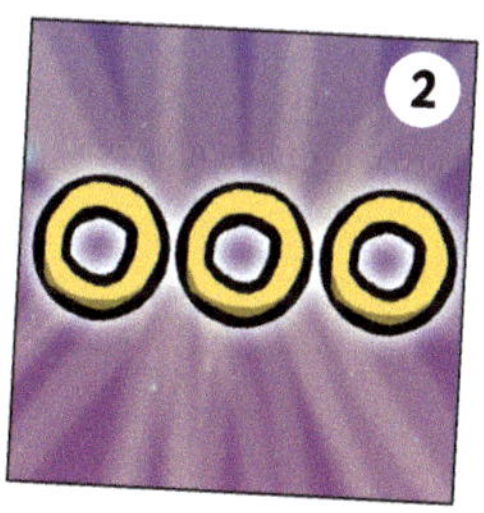

drei Ringe = ☐

drei Söhne = ☐

geschockt sein: einen großen Schreck bekommen; Wenn man etwas erzählt bekommt, was man nie gedacht hätte. Man weiß nicht, was man nach dieser Information machen oder sagen soll.

11. Die drei Brüder streiten darüber, welcher Ring der echte ist. Welche Lösung hat der Richter? Höre das Audio und ergänze die fehlenden Wörter im Text.

Aber dann **(1)** _______________ die drei Brüder. Jeder sagte, dass sein **(2)** _______________ der wahre und echte Ring mit den besonderen **(3)** _______________ ist. Die drei Brüder gingen zu einem **(4)** _______________. Doch auch der Richter wusste nicht, welcher Ring der **(5)** _______________ ist. Aber der Richter war ein **(6)** _______________ Mann. Er erinnerte die Brüder daran, dass der Ring nur dann **(7)** _______________, wenn man an seine besondere Kraft **(8)** _______________. Wenn also alle drei Brüder an die Kraft des Rings glauben, dann funktioniert **(9)** _______________ der drei Ringe – egal welcher der „echte" ist. Und dann muss es auch keinen **(10)** _______________ geben.

12. Die Ringparabel sagt, dass alle Religionen wahr und echt sind, wenn man an sie glaubt. Was bedeutet das für die Geschichte? Kreuze an.

		✓	✗
1	Es muss keinen Streit zwischen Menschen verschiedener Religionen geben.	☐	☐
2	Nathan darf Saladin kein Geld geben.	☐	☐
3	Saladin braucht kein Geld für Kamele.	☐	☐
4	Es ist in Ordnung, dass Nathan Recha als Jüdin erzogen hat.	☐	☐
5	Curd darf Recha nicht retten, wenn sie in einer gefährlichen Situation ist.	☐	☐
6	Es ist kein Problem, wenn Curd eine Jüdin liebt.	☐	☐
7	Es ist erlaubt, dass der Patriarch den Sultan tötet.	☐	☐

13. **Was passiert auf den Bildern? Ordne zu.**

A Nathan bedankt sich bei Saladin und gibt ihm Geld.

B Curd fragt den Patriarchen von Jerusalem um Rat.

C Recha, Daja und Curd werden zu der Feier im Palast eingeladen.

D Saladin entschuldigt sich bei Nathan. Sie werden Freunde.

14. **Wie geht die Geschichte weiter? Beantworte die Fragen.**

→ Tipp: Mehrere Antworten sind richtig.

1 Warum will der Patriarch zu Saladin gehen?

A Er will den Sultan selbst töten, weil Curd es nicht machen will.

B Als Sultan von Jerusalem sollte es auch Saladin interessieren, welche Menschen in der Stadt leben.

C Er will Sittah treffen. Sie kennt bei diesen Problemen immer eine gute Lösung.

D Saladin soll den Mann finden, der eine Christin zur Jüdin erzogen hat.

2 Warum will Curd eigentlich zum Palast gehen?

A Er will den Sultan töten, so wie der Patriarch es gesagt hat.

B Er will Nathan nicht verraten und erst selbst mit ihm sprechen.

C Er will Recha schnell wieder sehen.

D Er will selbst mit dem Sultan sprechen.

3 Wer trifft sich im Palast?
   A Recha und Daja
   B Der Patriarch und Curd
   C Nathan und Curd
   D Sittah und Saladin

4 Daja meint, dass Recha und Curd heiraten sollten. Was sagt Nathan dazu?
   A Er findet es sehr gut und freut sich.
   B Er sagt nicht viel und will lieber über etwas anderes sprechen.
   C Er findet es nicht gut. Recha ist Jüdin, Curd ist Christ. Das geht nicht.
   D Er will erst den Sultan fragen, weil dieser Curd freigelassen hat.

15. Wer sagt was? Ordne die Audios A–E den Figuren zu.

A B C D E

1 Curd ☐ ☐   **2** Sultan Saladin ☐   **3** Daja ☐   **4** Der Patriarch ☐

16. Was passiert auf den Bildern? Ordne zu.

A Curd erzählt allen, dass Nathan Recha adoptiert hat, als sie ein Baby war.

B Daja erzählt Nathan, dass Recha und Curd verliebt sind.

C Recha vergibt Nathan.

D Curd fragt Recha, ob sie ihn heiraten will.

17. Was passiert zuerst? Bringe die Bilder 1–4 aus Übung 16 in die richtige Reihenfolge.

Zurück zum Comic
auf Seite 38

Nathan sagt, dass Recha und Curd nicht heiraten dürfen. Er erklärt die Situation: Saladins und Sittahs Bruder Assad verliebte sich vor vielen Jahren in eine junge Christin mit dem Nachnamen „von Stauffen". Für sie änderte Assad sogar seine Religion und wurde selbst Christ. Die beiden bekamen zwei Kinder: Curd und Recha. Als Assad und seine Frau starben, kam Curd zu seinem Onkel, einem Bruder seiner Mutter. Und Recha kam zu Nathan. Curd und Recha sind also Geschwister und dürfen deshalb nicht heiraten.

Saladin freut sich und sagt, dass sie dann ja alle eine Familie sind. Nathan erklärt, dass sie nicht nur eine Familie sind, weil sie verwandt sind. Er denkt dabei auch an ihre Religionen. Sie lieben alle den gleichen „Vater" (Gott), egal wie er genannt wird. Deshalb sind sie wie Brüder und Schwestern.

18. Was passt zusammen? Ordne die Audios A–D den passenden Bildern 1–4 zu.

A B C D

19. **Wie geht die Geschichte bei Lessing wirklich weiter? Wähle die richtigen Bilder aus Übung 18.**

Bild **1** ☐ Bild **2** ☐ Bild **3** ☐ Bild **4** ☐

20. **Recha und Curd sind Geschwister. Wie kann das sein? Schreibe die Namen zu 1–7 und die Beziehungen zu 8–12 im Stammbaum.**

Assad • Recha • Curd • Saladin • Nathan • Sittah • „Frau" von Stauffen •
Geschwister *(2x)* • adoptiert • verheiratet • Eltern / Kinder von

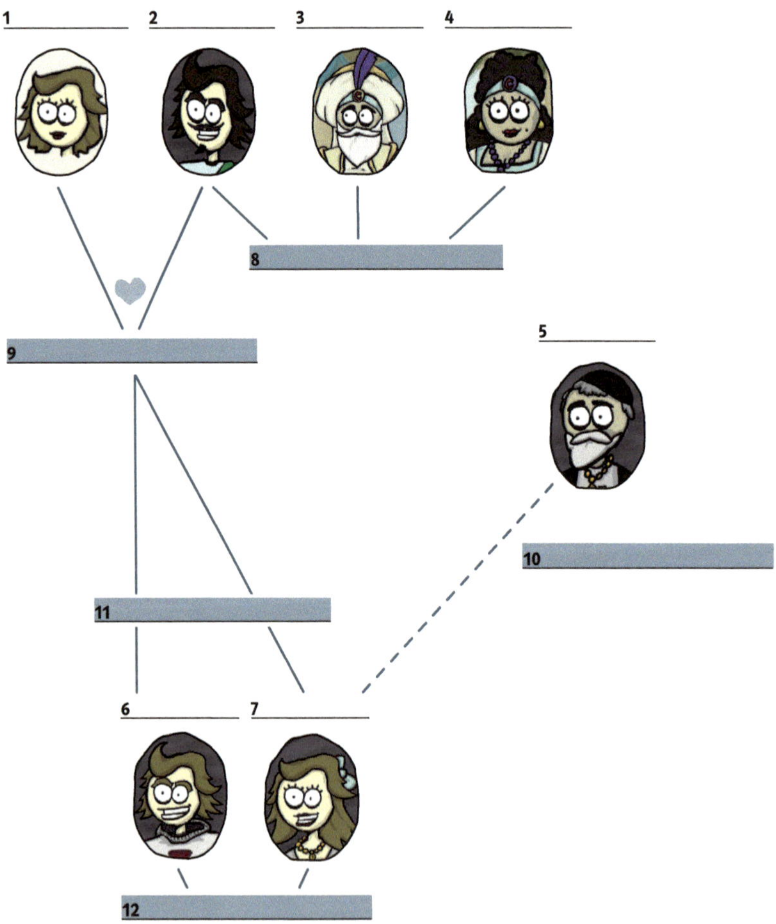

21. **Welche Figuren haben welche Religion? Ergänze die Zahlen 1–7 aus Übung 19.**

→ Tipp: Manche Figuren haben zwei Religionen.

A Judentum ☐ ☐ **B** Christentum ☐ ☐ ☐ ☐ **C** Islam ☐ ☐ ☐

22. **Am Ende der Geschichte geht es um Familie. Wie denken Saladin und Nathan darüber? Schreibe in eigenen Worten.**

23. **Wie hat dir die Geschichte gefallen? Nutze die Redemittel und ergänze mindestens drei Sätze.**

- Mir gefällt, dass …
- Ich finde interessant / schön / schade, dass …
- Es überrascht mich, dass …
- Früher dachte ich … Jetzt denke ich, dass …
- In Zukunft will ich …
- Mir ist wichtig geworden, dass …
- Ich kann gut verstehen, dass …
- Ich frage mich …

Lösungen

1. **stimmt:** 2, 4, 5; **stimmt nicht:** 1, 3, 6

2. **1** B, **2** C, **3** D, **4** A

3. 1, 3, 4, 2

4. **richtig:** B

5. **1** C, **2** E, **3** G, **4** B, **5** A, **6** D, **7** F

6. **A** Schwester, Christen, Frieden, Kamele;
   B teuer, Geld, kenne, helfen, Kaufmann, Nathan

7. F, C, B, A, E

8. **2** ~~dem Sultan Geld gibt~~ / den Sultan tötet; **3** ~~Saladins Palast~~ / Nathans Haus *oder* Recha und Daja; **4** ~~streiten~~ / verlieben, **5** ~~Muslim~~ / Christ, **6** ~~Sittah~~ / Recha, **7** ~~super~~ / sehr schlimm; **8** ~~dem besten Rezept für Tee~~ / der einzig wahren Religion

9. **1 Nathan** H, N; **2 Curd** A, F, G, K, N; **3 Recha** A, C, G; **4 Sultan Saldin** B, E, I;
   5 Sittah B, L; **6 Daya** A, N; **7 Der Patriarch** A, J, L, M; **8 Assad** B, D

10. **1**C, **2**A, **3**B

11. **(1)** stritten, **(2)** Ring, **(3)** Kräften, **(4)** Richter, **(5)** echte, **(6)** kluger, **(7)** funktioniert, **(8)** glaubt, **(9)** jeder, **(10)** Streit

12. **stimmt**: 1, 3, 4, 6; **stimmt nicht**: 2, 5, 7

13. **1** D, **2** A, **3** C, **4** B

14. **1** B, D; **2** B, **3** A, C, D; **4** B

15. **1** B, E; **2** D; **3** C, **4** A

16. **1** D, **2** C, **3** B, **4** A

17. 3, 4, 2, 1

18. **1** B, **2** D, **3** A, **4** C

19. **richtig:** 1, 2

20. **1** „Frau" von Stauffen, **2** Assad, **3** Saladin, **4** Sittah, **5** Nathan, **6** Curd, **7** Recha, **8** Geschwister, **9** verheiratet, **10** adoptiert, **11** Eltern / Kinder von, **12** Geschwister

21. **A** 5, 7; **B** 1, 2, 6, 7; **C** 2, 3, 4

22. *Individuelle Lösung. Mögliche Antworten:* Saladin meint, dass sie eine Familie sind, weil sie alle verwandt sind. Nathan meint, dass sie eine Familie sind, weil sie alle an einen Gott / „Vater" glauben – egal, wie dieser in den verschiedenen Religionen heißt. Wenn sie alle Gott als „Vater" haben, sind sie auch alle Geschwister (= Brüder und Schwestern).

23. *Individuelle Lösung*